Benni kann nicht einschlafen

Eine Geschichte von Maryann Macdonald
mit Bildern von Judith Riches

CARLSEN

Eines Abends konnte Benni nicht einschlafen, weil er sich Sorgen machte.
Er hatte Angst, daß unter dem Haus ein Vulkan sein könnte.
Er hatte Angst, daß Kobraschlangen in der Garage wären.
Er hatte Angst, daß es ein Erdbeben geben könnte, während er in der Schule war.
Er hatte Angst, daß die Nachbarin eine Hexe war.

Er hatte Angst, daß er die Bücher aus der Bücherei verlieren könnte.
Er hatte Angst vor Vampiren und Monstern.

Und er hatte Angst, daß er nicht in den Himmel kommen würde, weil er heimlich Kekse aus der Dose genommen hatte.

„Du brauchst keine Angst zu haben",
sagte Bennis Mama.
„Es gibt hier keine Vulkane und auch
keine Erdbeben", sagte sie.
„Und Kobras gibt es nur in Indien."

„Die Nachbarin sieht vielleicht ein bißchen unheimlich aus, aber sie ist bestimmt keine Hexe. Die ausgeliehenen Bücher aus der Bücherei liegen auf dem Klavier. Und es gibt auch keine Vampire und Monster!"

Benni hatte ihr aber nichts von den Keksen erzählt.

Mama deckte Benni gut zu und gab ihm noch einen Gutenachtkuß.
„Nun schlaf schön, mein Schatz", sagte sie. „Du brauchst keine Angst zu haben."
Sie machte das Licht aus und ging wieder.

Aber Benni hatte immer noch Angst. „Vielleicht hat es bis jetzt hier keine Erdbeben und Vulkane gegeben, aber einmal ist immer das erste Mal!" flüsterte er Teddy ins Ohr. „Genau", meinte Teddy. „Und Kobras können aus Indien hierher schwimmen!"

„Ja", sagte Benni, „das können sie. Und bestimmt tut die Nachbarin nur so harmlos."
Teddy nickte.
„Um Mütter zu täuschen", sagte er.
„Richtig", sagte Benni.

„Und nur weil die Bücher auf dem Klavier liegen, heißt es ja noch lange nicht, daß du auch daran denkst, sie rechtzeitig zurückzubringen", sagte Teddy.

„Ja", sagte Benni. „Und was ist, wenn ich sie auf dem Weg zur Bücherei verliere?"

„Das könnte passieren", sagte Teddy. „Und warum haben so viele Leute Angst vor Vampiren und Monstern, wenn es sie gar nicht gibt?"

Benni meinte seufzend: „Mütter können schließlich auch nicht alles wissen."

„Ja, das stimmt", sagte Teddy. „Ich weiß ganz genau, wie du dich fühlst. Ich bin auch ein Keksdieb!"

Benni fühlte sich schon besser. Teddy verstand ihn. Aber Benni hatte immer noch Angst.
„Weißt du was?" sagte Teddy. „Ich werde mir Sorgen wegen der Kobras, Erdbeben und allem anderen machen, während du schläfst."
„Bestimmt?" fragte Benni.
„Klar", meinte Teddy, „und du machst dir tagsüber Sorgen, wenn ich schlafe. Wir wechseln uns ab."

„In Ordnung", sagte Benni. Er machte die Augen zu, kuschelte sich in sein Kissen und war auch schon eingeschlafen.

Teddy blieb die ganze Nacht wach und machte sich Sorgen.

Am nächsten Morgen fühlte Benni sich großartig.
„Lieber Teddy!" sagte er. Er legte Teddy auf sein
Kopfkissen und deckte ihn gut zu.
Dann ging er zum Frühstück in die Küche. Er vergaß
darüber die Kobras und das Erdbeben. Wenn die
Sonne schien, mußte man sich nicht mehr so viel
Sorgen machen.

Und Teddy schlief den ganzen Tag
tief und fest.